생체 시계란 무엇인가?

민음 바칼로레아 031

생체 시계란
무엇인가?

알랭 랭베르 ㅣ 박경한 감수 ㅣ 곽은숙 옮김

민음in

● 일러두기

1 본문 가장자리에 있는 사과 🍎 는 이 책을 통해 반드시 이해해야 하는
  핵심 개념을 표시한 것입니다.
2 본문 아래쪽의 주는 독자들이 본문 내용을 쉽게 이해할 수 있도록 한국어판에 특별히 붙인 것입니다.
3 인명 및 지명 표기는 한글 맞춤법 통일안 및 외래어 표기 규정을 따랐습니다.
4 본문에 사용한 부호 및 기호의 뜻은 다음과 같습니다.
  ─ 전집, 단행본: 『 』
  ─ 신문, 잡지: 〈 〉
  ─ 개별 작품, 논문, 기사: 「 」

질문 : 생체 시계란 무엇인가?

기자가 기사를 쓸 때나 탐정이 사건을 해결하려 할 때에는 반드시 '언제? 어디서? 어떻게? 왜?' 라는 질문을 던져야 한다. 생물학자나 의사가 어떤 문제에 대한 해답을 밝히려고 할 때에도 마찬가지다. 그러나 1960년대까지만 해도 사람들은 생물학이나 의학에서 이런 질문을 던져야 할 필요성을 깨닫지 못했다.

생물학이나 의학에서 '어디?' 라는 질문은 주로 해부학과 관련 있다. 심장, 뇌, 부신,° 송과선°은 어디에 있을까? 그 답은

● ● ●

부신 신장 바로 위에 있는 내분비선.
송과선 뇌 속에 자리한 제3의 눈 같은 기관.

해부학 책을 보면 알 수 있다.

그러면 우리가 알고 있는 장기들은 '어떻게' 작동할까? 심장은 피를 순환시키는 펌프 역할을 하고, 뇌는 특별한 세포인 뉴런®으로 이루어져 있는데, 이 뉴런은 모여서 신경핵을 이루고 자기들끼리 기계적이고 화학적인 메시지를 보내면서 의사소통을 한다. 내분비선®은 호르몬 분비를 통해 기능한다. 예를 들면 송과선에서는 멜라토닌을 분비하고, 부신 피질에서는 디옥시코르티코스테론과 코르티솔(또는 코르티손)이라는 호르몬을 분비한다.

예전에는 이런 기관과 기관계 각각이 하루 종일, 그리고 일년 내내 변함없이 똑같이 기능한다고 생각했다. 모든 기능이 기찻길처럼 일직선으로 작용한다고 여긴 것이다. 그래서 예전 사람들은 선형적인 기능, **생물학적 항상성**®에 대해 연구했다. 요컨대 '언제?' 라는 질문은 던지지 않았다.

특정한 생명 현상이 언제 일어나는지 알게 된 것은 새로운 기

● ● ●

뉴런 신경 세포와 거기에서 나오는 돌기를 합친 것으로, 자극을 수용하고 전달하는 기능이 있는 신경계의 기초 단위.
내분비선 내분비샘이라고도 한다. 분비물을 도관을 거치지 않고 직접 몸속이나 피 속으로 보내는 샘. 부신, 뇌하수체, 갑상선, 생식샘 등이 있다. 땀샘, 침샘, 젖샘 등은 관을 통해 표피의 표면으로 분비물을 운반하는 외분비선이다.

술의 등장과 관련이 있다. 새로운 기술 덕분에, 빈번하게(10분에 한 번씩), 또 장기간(며칠, 몇 달간) 물리적, 화학적 변화를 측정하는 것이 가능하게 되었기 때문이다. 체온, 혈압, 호르몬 등의 변화를 추적하여 그 고점과 저점을 하나하나 밝혀낸 것이다. 즉 체온, 혈압 등이 각각 가장 높은 시간과 가장 낮은 시간을 정확히 알 수 있게 되었다. 활력을 솟구치게 하는 호르몬인 코르티솔은 자정부터 오전 4시까지는 전혀 분비되지 않는다. 이 호르몬은 오전 7시 즈음에 가장 많이 분비된다. 야행성이든 주행성이든 송과선을 가진 모든 동물은 밤에 멜라토닌을 분비한다.

그래서 생체 항상성의 개념은 **생체 변이성**[●]의 개념으로 바뀌

● ● ●

생물학적 항상성 19세기 프랑스의 생리학자 베르나르는 환경이 바뀌어도 유기체가 항상 같은 상태를 유지하는 능력이 있다는 것을 처음으로 주장했다. 생물체가 외적 및 내적 변화를 겪으면서도 생리적 상태를 안정되게 유지하는 기능을 생체 항상성 또는 생물학적 항상성이라고 한다.
생체 변이성 생체 항상성 개념에 기초해서 사람들은 포도당, 콜레스테롤, 효소 같은 생물학적 요소들도 고정된 값을 가질 것이라고 생각하게 되었다. 그 수치가 변하는 것은 스트레스나 질병, 음식 섭취의 영향 때문이고, 유기체의 반작용으로 다시 이전 상태로 돌아가는 것이 정상이라고 보았다. 그러나 시간 생물학에서는 항상 일정한 것처럼 보이는 생물학적 요소들도 모두 주기를 가지고 변한다는 것(생체 변이성)을 보여 주었다.

었다. 이제 모든 생명 과학 전문가들은 이런 생리 현상의 고점과 저점이 어디에 위치하는지 알아야 한다. 그것을 무시하면 잘못된 연구 결과를 얻는다. 생체 리듬은 우리를 비선형 시스템*의 영역으로 들어가게 한다. 뒤에서 좀 더 상세히 살펴보겠지만, 생체 현상마다 하루 리듬의 고점과 저점에 해당하는 시간이 각각 다른데, 그것은 낮과 밤 동안 유기체*에 필요한 것이 변하는 데 대응하기 위해서다. 모든 생명체가 그렇듯이, 인체 역시 여러 기관과 기관계가 작업을 분담해서 24시간 내내 조화롭게 움직이도록 되어 있다. 이처럼 생체 리듬의 고점과 저점은 아무렇게나 정해진 것이 아니어서 그 리듬이 시간적 유기체를 만든다. 시간적 유기체는 생물체의 **시간적 구조**라고도 하고 '시간 속의 신체'라고 부를 수도 있는데, 그것은 우리가 흔히 보는 공간적 신체 연구를 보완해 준다.

생체 리듬에 대해, 그리고 생체 리듬 조절 메커니즘(특히 생체 시계), 생체 리듬으로 인한 변화에 대해 연구하는 것을 **시간 생물학**이라고 한다. 이제 그 세계로 떠나 보자.

● ● ●

비선형 시스템 주어진 초기 상태의 작은 변화에 따라 결과가 무척 달라지기 때문에 예측 가능성에 절대적인 한계가 있는 시스템.
유기체 생물처럼 물질이 유기적으로 구성되어 생활 기능을 가지게 된 조직체.

1

생체 리듬이란
무엇인가?

생체 리듬의 주기는 얼마나 될까?

한 해 동안은 말할 것도 없고 하루 24시간 동안도 우리는 같은 상태로 있는 것이 아니다. 우리의 신체적, 지적 능력은 하루에도 매시간, 한 해에도 매달 변한다. 이런 변화는 주기를 가지고 되풀이된다. 밤에는 자고 낮에는 활동하는 것이 되풀이되는 것과 같다. 그리고 이 변화는 규칙성을 갖기 때문에 예측할 수 있다. 이를 '생체 리듬'이라고 부르는데, 주기성을 가지고 규칙적으로 변하는 것이 특징이다. 시간에 따라서 측정된 값들은 곡선을 그리며 고점까지 올라갔다가 점점 내려와서 저점에 이른다. 그리고 다시 올라갔다가 내려오기를 반복한다.

주기는 하나의 고점에서 그다음 고점까지, 또는 하나의 저점에서 다음 저점까지 걸리는 시간이다. 또는 특정한 사건이

다시 일어나기까지 걸리는 시간이다. 예를 들어 어느 날 아침에 잠에서 깬 시간과 그다음 날 아침에 깬 시간 사이의 간격을 주기라고 한다. 주기는 그리스 문자인 타우(τ)로 표시된다. 평균 주기가 24시간인 생체 리듬이 가장 많이 연구되었고, 오늘날 사람들에게 가장 많이 알려져 있다. 그것을 **일주기 리듬***이라고 한다. 주기가 정확하게 24시간일 때에는 **주야 리듬**이라한다. 주기가 정확히 24시간이 되는 것은 일주기 리듬에서 아주 특별한 경우에 해당한다. 24시간보다 짧은 주기도 있다. 예를 들면 약 12시간, 8시간, 6시간, 3시간, 1시간 30분 등. 약 7일, 30일, 일 년같이 주기가 긴 리듬도 있다. 주기가 일 년인 경우를 **연주기 리듬**이라고 한다.(365일 주기이므로 일 년 리듬 또는 계절 리듬이라고도 불린다.)

한 가지 현상이 몇 가지 주기를 가지고 나타날 수도 있다. 사람의 체온과 심장 박동수는 12시간 주기, 24시간 주기, 일 년 주기의 리듬을 다 가지고 있다. 생체 리듬은 모든 생물체에서 다 나타난다. 단세포 생물에서 인간과 같은 극도로 복잡한 유

●　●　●

일주기(日週期) 리듬 일주성 리듬, 일주기성 리듬, 24시간 주기 리듬이라고도 한다. 모두 circadian rhythm을 옮긴 말인데, 라틴어 circa는 '대략', dies는 '하루'라는 뜻이다.

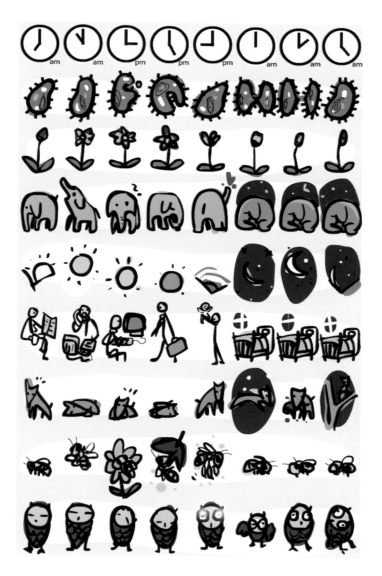

아메바에서 인간까지 모든 생명체는 생체 시계를 가지고 있다.
약 24시간 주기 외에 일 년 주기, 한 달 주기, 세포 분열 주기 등 주기도 다양하다.

기체에 이르기까지 모든 생물체가 생체 리듬을 가지고 있다.

식물과 동물의 세포에도 고유한 리듬이 있고 유기체 전체에도 리듬이 있다. 생체 리듬은 생물체의 모든 차원에서 관찰할 수 있는데, 주로 기관(뇌, 심장, 간, 신장, 폐)과 기관계(신경계, 심장 혈관계, 소화기계, 내분비계)를 통해 생체 리듬이 지켜진다. 인체에서 측정할 수 있는 것, 셀 수 있는 것(호르몬과 약물을 작용하게 하는 세포 내 수용체, 그리고 혈구 등), 양이 조절되는 것(혈장, 소변, 침)은 모두 일주기 리듬이 존재함을 보여 준다. 우리의 뇌 활동 중에서 측정할 수 있는 활동들은 24시간 동안 변화를 보인다. 뇌의 활동은 낮에 최고의 효율을 보이며, 밤에 특히 새벽 4시경에 효율이 가장 떨어진다. 혈압, 체온, 근력도 낮에 올라가고 밤에 떨어진다. 인체에서 발견된 일주기 리듬은 170개가 넘는다.

생체 시계는 얼마나 정확할까?

일주기 리듬의 규칙성을 보고 사람들이 몸속에 시계가 있다는 생각을 하게 된 것은 1814년 이후의 일이다. 수탉은 새벽에 울고, 수련은 6시쯤 피고, 붉은 별꽃은 7시경에 핀다는 사실이나 인간의 체온은 오후 5시경에 가장 높다는 현상 등을 알게 되면서 사람들은 생명 현상에 일정한 리듬이 있는 것으로 생각하기 시작했다. 어떤 리듬이 고점에 이르거나 일상적이지만 눈에 띄는 사건이 특정 시간에 항상 일어나는 것은, 시침만 있는 시계가 몸속에 들어 있기 때문이라고 보게 된 것이다. 그 시계의 작동 원리는 알 수 없었지만 말이다.

생체 시계는 하나의 기계가 아니라, 시간 측정 시스템의 이미지, 모형이다. 그것은 매우 정밀한 시계인 크로노미터*에 비유되기도 하는데, 크로노미터는 18세기 이후 항해하는 선박에서 항상 사용하는 것이다. 넓은 대양에서 배의 위치를 파악하기 위해서는 모항(母港)의 시간과 정확히 일치하는 시계가 있어야만 한다. 마찬가지로 철새들도 이동하면서 자기 위치를 파악하기 위해, 또 봄가을의 길고 긴 여행에서 방향을 찾기 위해 생체 시계를 이용한다고 알려져 있다. 생체 시계는 타고나는 것이다. 그것은 모든 생명체에 들어 있다. 우리의 심장이 저절로 뛰도록 만들어진 것처럼 생체 시계도 저절로 간다.

● ● ●

크로노미터 항해하는 배에서 사용하는 정확한 시계를 말한다. 마린 크로노미터, 해상 시계라고도 한다. 배가 떠나온 항구의 시간과 현재 배가 있는 곳의 시각을 알면 두 지점 간의 시차를 거리로 환산하여 배가 위치한 경도를 알 수 있다.

24시간 주기는 지구의 자전 때문에 생긴 것이다. 자전 때문에 발생하는 자연 현상 중 가장 확실하고 정확한 것은 새벽이 오고 땅거미가 지는 시간이다. 즉 밤과 낮의 순환이 지구 자전의 가장 뚜렷한 표시이며, 그것의 평균 주기가 24시간이다. 모든 식물과 매우 많은 동물들이 이런 자연의 순환을 이용하면서 살아가므로, 일주기 리듬 역시 자연스럽게 평균 24시간의 주기를 가진다. 그러나 생태적 지위*에 따라 다른 주기 현상이 중요할 수도 있는데, 그 또한 지구의 자전과 관련이 있다. 예를 들면, 낮에는 따뜻하고 밤에는 춥다는 것, 낮에는 소란하고 밤에는 조용하다는 것으로 인해 활동과 휴식 주기가 정해지기도 한다. 아침에 일하러 갔다 와서 밤에 잠자는 사회적인 삶의 패턴 역시 그 때문이다.

생체 시계는 지구의 자전 시간에 매일 맞추어진다. 그 결과 여러 가지 일주기 리듬의 고점과 저점이 24시간 중 가장 적당한 때에 위치하게 된다. 전갈, 쥐, 생쥐, 햄스터 같은 야행성 동물은 밤사이에 먹고 활동하고 낮에는 쉰다. 그러나 꿀벌, 닭,

● ● ●

생태적 지위 생물이 생태계의 먹이 사슬에서 차지하는 위치. 어디서 서식하고 무엇을 먹고 무엇에 먹히는지에 따라 판단된다.

인간 같은 동물은 낮에 활동하므로 그와 반대다.

외부 환경의 주기적 변화는 우리 몸의 리듬을 자연의 순환에 맞추는 역할을 한다. 그것은 땡 하고 몇 시 정각을 알리는 소리와 같다. 이렇게 생체 시계의 시간을 다시 맞추게 만들어 주는 모든 외부 자극을 자이트게버(Zeitgeber, 시간 부여자) 또는 자연 시계라고 하고 이렇게 다시 생체 시계가 맞게 되는 것을 **동기화**(同期化) 또는 **동조화**(同調化) **현상**이라고 부른다.

동물이나 식물의 일주기 리듬 각각의 고점과 저점이 어디인지를 찾아내려면 그에 해당하는 생체 시계가 자연 시계에 잘 맞추어져 있는지를 알아야 한다. 실생활에서 인간의 생체 시계가 24시간 주기를 갖도록 하기 위해서는, 또 생체 리듬의 고점과 저점이 자연 시계와 잘 맞는 시각에 위치하도록 하기 위해서는, 낮(예를 들어 7시부터 23시까지)에 활동하고 밤(23시부터 7시까지)에 휴식을 취하는 것을 규칙적으로 지켜야만 한다. 특별한 사정이 없는 한 대부분의 사람들은 그렇게 생활한다.

그러나 야간 근무, 장거리 비행 등으로 인해 시차가 생기면 몸의 리듬이 자연 주기와 맞지 않게되며, 리듬의 고점과 저점이 바뀐다. 게다가 한 세기 전부터 전구의 발명 등으로 삶의 조건들이 크게 바뀌면서 우리는 점점 더 생태적 지위에 맞지 않는 생활을 하게 되었다. 즉 아이, 어른, 도시 사람, 시골 사람

할 것 없이 많은 사람들의 노동과 휴식, 활동과 수면 시간이 흐트러졌다. 이런 현상은 결국 생체 리듬의 혼란을 가져온다. 생체 리듬의 혼란에 대해서, 그리고 그 혼란을 줄이는 방법에 대해서는 이 책의 끝부분에서 다시 다루겠지만, 그 전에 '우리의 생체 시계가 잘 가고 있을까, 또 잘 맞는 걸까?' 하는 질문을 던져 봐야 할 것이다.

2

생체 시계는
왜 있을까?

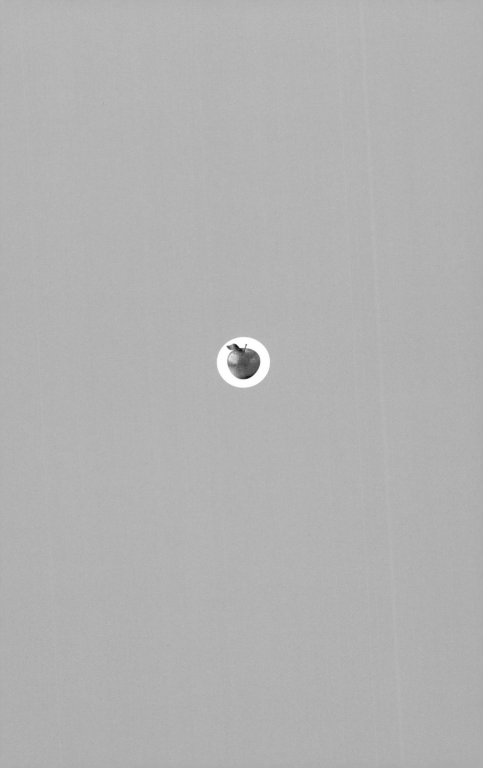

생체 시계는 왜 생겼을까?

이제 네 번째 질문을 던질 차례가 되었다. '왜?' 라는 질문이 없이는, 탐정이든 생물학자든 문제를 진정으로 해결할 수가 없다.

과학이 사물의 근본적인 원인을 포괄적으로 설명하는 것은 불가능하다. 생체 시계의 존재 이유에 대한 가장 확고한 이론은 다음과 같다. 모든 생명체가 지구 환경의 예측 가능한 변화에 적응할 수 있게 된 것이 생체 시계 덕분이라는 것이다. 지구 환경은 개체와 종*의 생존 조건이다. 물론 생체 시계가 종 진화의 결과물로 존재하게 되었다는 것을 증명할 수는 없다. 진화는 수백만 년에 걸쳐서 진행되었으므로 실험으로 증명할 수 없기 때문이다. 공간적 신체를 연구하는 영역에서는 일반적으로 적응 이론으로 많은 것을 설명한다. 시간 속의 신체를 다룰 때에도 그 이론은 여전히 유용하지만, 그 결과가 무척 새로운 것이어서 명백한 사실로 받아들이기는 쉽지 않다. 생체 시계란 적응의 결과로 나타났다는 것을 뒷받침하는 주장 몇 가지를 살펴보자.

첫째, 일주기 생체 리듬은 매우 드문 예외를 제외하면 모든 생명체에 나타난다. 이러한 보편성이 나타나는 것은 생체 시계가 개체나 종의 생존에 꼭 필요하기 때문이라고 볼 수 있다. 오늘날 과학적 연구의 결과는 리듬에 따르는 활동을 생명체의 기본적인 특성이라고 받아들인다. 사실, 항상적이지 않은 시스템은 유연성의 증거이고, 따라서 환경 적응의 증거이다. 이는 생명 있는 존재만이 가지는 특성이다. 선형 시스템의 경우에는 그렇지 않다. 선형 시스템에서는 같은 조건에서도 엄격한 규칙성이 뚜렷하게 나타나기 때문이다.

둘째, 지구 환경은 우리에게 두 가지 방식으로 영향을 준다. 한편으로 지구는 예상하지 못한 돌발 사건으로 우리를 갑자기

● ● ●

종(種) 생물을 분류하는 기준 단위로서, 생식을 통하여 서로 유전자 교환이 일어날 수 있는 개체군이며 다른 개체군과는 생식적으로 격리되어 있다.

공격한다. 다른 한편으로는 밤낮이 규칙적으로 바뀌면서 예상 가능한 사건들이 날마다 나타난다. 앞의 경우에는 짧은 기간에 이에 대응할 수 있는 반응 체계를 갖추어야 한다. 가령, 설탕이 가미된 음식을 먹으면 즉시 인슐린°이 분비되는 것처럼 말이다. 이자에서 분비되는 인슐린은 당분 대사를 위한 호르몬이다. 즉 당분을 변형하거나 이용하는 것을 돕는다. 뒤의 경우에 대응하기 위해 생체 시계는 우리에게 장기 대응 체계를 갖추게 한다. 인슐린은 일주기 리듬에 따라서 분비되기도 하는데 정오에는 고점을, 저녁에는 저점을 보인다. 낮 동안에는 설탕이 든 음식을 먹고 밤에는 거의 먹지 않을 것을 예견한 듯, 생체 시계는 그런 리듬에 따라 인슐린을 분비한다. 생체 시계 덕분에, 우리는 아주 긴 기간에 걸쳐 변화하는 환경에도 대응할 수 있다. 당분 대사를 위한 인슐린 분비는 9월에 고점이고 4월에 저점인 연주기 리듬을 보이는데, 마치 겨울이 끝날 무렵보다는 여름이 끝날 무렵에 당도가 높은 과일 등이 더 많이 나온다는 것을 우

● ● ●

인슐린 몸 안의 혈당량을 조절하는 기능을 하는 단백질 호르몬. 이 단백질의 복제 과정과 기능에 대해 자세히 알고 싶으면 이 시리즈에 속한 『복제는 정말로 비윤리적인가?』와 『인간은 호르몬의 노예인가?』를 참조하라.

리 몸이 알고 있는 것 같다.

또 다른 예는 아드레날린 분비 리듬이다. 아드레날린은 심장, 뇌, 기관지의 활동에 관여하는데, 신체 활동을 하면 아드레날린의 단기 반응이 일어난다. 낮에 주로 활동하는 인간의 경우, 아드레날린은 낮에 필요할 것이라고 예상하는 듯 그 리듬에 따라 분비된다.

셋째, 모든 유기체의 세포에는 시간이 프로그래밍 되어 있다. 그러므로 세포들은 아무 때나 작동하지 않으며, 어떤 시점에는 이런 기능을 하고 다른 시점에는 저런 기능을 한다. 그래서 동물이 휴식하는 시간에 간은 단백질을 만들고 동물이 활동하는 시간에는 글리코겐을 만든다. 글리코겐은 에너지를 저장하고 있는 당분의 일종이다. 생체 시계는 음식에 대한 행동도 조절한다. 동물은 낮에 음식을 먹고, 밤에 휴식하는 동안에는 음식을 먹지 않도록 프로그래밍 되어 있다. 그런데 글리코겐 합성의 리듬은 당분 섭취와 무관하다. 실험 결과, 먹이를 전혀 먹지 못하는 상황에서도 쥐는 활동 시간인 밤에는 글리코겐을 간에 축적하고 휴식을 취하는 낮에는 글리코겐을 분해한다.

넷째, 어떤 동물들은 밤 활동에 적응하기 위해 생체 시계가 필요했다. 일반적으로 육식 동물은 낮에 사냥을 한다. 따라서 먹잇감이 되기 쉬운 동물들이 밤에 활동하는 것은 일종의 방어

전략으로 보인다. 밤에는 큰 동물에게 잡아먹힐 위험이 줄기 때문이다. 야행성 육식 동물도 있기 때문에 위험이 완전히 사라지는 것은 아니지만 말이다. 그런데 '누가 누구를 잡아먹는가?' 만으로 어떤 동물이 야행성인가 주행성인가가 정해진다고 볼 수는 없다. 그것만으로 모든 것이 설명되지는 않는다. 한 가지 리듬만 살펴봐도 여러 원인이 있는 법이다. 가령, 야행성인 이집트 전갈은 낮에 돌아다니면, 다른 동물에게 잡아먹힐 위험보다 탈수로 죽을 위험이 더 크다. 전갈은 매우 덥고 건조한 지방에서 서식하기 때문에 낮에는 그늘이나 시원한 곳에서 쉬며, 해가 지기 직전에 활동을 시작하고 동틀 무렵부터는 다시 휴식에 들어간다.

다섯째, 과거의 생체 리듬들이 현생 생물에 흔적처럼 남아 있다. 진화의 어떤 시기에는 이용했으나 오늘날에는 이용하지 않는 생체 리듬도 있다. 그런 리듬 중에서 사라지지 않고 유전자°에 새겨져 오래된 유물처럼 아직도 남아 있는 것도 있다.

• • •

유전자(gene) 생물체 하나하나의 유전 형질이 발현하도록 만드는 인자. 염색체 상에서 일정한 순서로 배열되어 있으며, 생식 세포를 통하여 후손에게 유전 정보를 전달한다. 유전자는 DNA로 이루어져 있으며, RNA를 통해 세포에 단백질 합성을 지시한다. 유전자의 염기 수나 순서에 이상이 생기면 돌연변이가 일어난다.

오늘날에는 산모가 낮 시간에 분만하기도 하지만, 28만 명을 대상으로 한 조사를 살펴보면 자연 분만은 대체로 밤에, 특히 새벽 4시경에 많이 이루어진다. 아마도 우리의 먼 조상들은 그 시간을 이용하는 것이 유리했을 것이다. 원숭이든 인간이든, 새끼가 태어나자마자 다른 동물에게 잡아먹힐 위험이 가장 적은 때는 밤이기 때문이다.

여섯째, 환경 주기에 생물체의 일주기 리듬을 맞추는 것은 아마도 수억 년 전부터 이루어졌을 것이다. 산호나 앵무조개 같은 해양 동물들은 일주기나 연주기 리듬에 따라 석회질 층을 형성한다. 4억 년 전까지 거슬러 올라가는 이런 자연의 기록 덕분에, 옛날에는 하루의 주기가 24시간보다 훨씬 짧았다는 것을 알게 되었다. 산호와 앵무조개의 화석은 4억 년 전 일주기 리듬이 21.9시간 주기였던 것이다. 그러면 1년이 400일이 된다. 이 시기에 태양을 도는 지구의 공전 속도는 현재와 동일했지만 자전 속도가 오늘날보다 더 빨랐다는 것은 천문학에서도 입증한 사실이다.

일 년 리듬은 왜 생길까?

일 년 리듬과 가장 큰 관련이 있는 것 중 하나는 번식이다. 동물들 대부분은 먹이가 풍부하고 날씨가 좋은 달에 새끼를 낳도록 프로그래밍 되어 있다. 좋은 조건일 때 낳는 것이 새끼의 생존에, 또 종의 보존에 유리하기 때문이다. 온대 지방에서는 봄에 새끼를 가장 많이 낳는다. 번식과 관련된 생명 활동 역시 모두 일 년 리듬을 가진다. 호르몬 분비, 난소와 정소 세포의 생성과 성숙, 털갈이, 깃갈이, 행동 변화 등이 그러한데, 어떤 종의 경우에는 이동도 번식과 관련이 있다. 상대적으로 덜 뚜렷하지만 인간의 출산도 일 년 리듬을 나타낸다.

앞으로 살펴보겠지만, 일주기 시계는 **광주기**를 측정할 수 있다. 광주기란 낮과 밤 각각의 지속 시간을 말한다. 일주기 시계 덕분에 유기체는 낮이 가장 짧은 때(12월 21일)부터 낮이 가장 긴 때(7월 21일) 사이에 새끼를 낳을 수 있다. 또 그때에 새끼를 낳을 수 있도록 포유동물은 교미 날짜를 미리 정한다. 임신 기간은 종마다 다르므로 그에 맞춰 교미 시기도 달라진다. 봄에 새끼를 낳기 위해 사슴은 가을에 교미하고 담비는 겨울에 교미한다.

결론적으로 말해서 생체 시계의 역할은 한편으로는 생명체가 지구 환경의 주기적인 여러 현상에 적응하도록 하는 것이고 다른 한편으로는 생물체의 시간적 구조를 유지해서 여러 리듬의 고점과 저점이 각각 최적의 순간(하루 중 몇 시, 일 년 중 어느 달)에 놓이도록 하는 것이다.

3

생체 시계에 대한 이해는
어떻게 변해 왔을까?

예전에는 무엇이 시간을 알려 주었을까?

우리 조상들에게 시간을 알려 주는 신호가 무엇이었는지는 성경과 고대 신화를 보면 알 수 있다. 가령, 『전도서』에는 이렇게 씌어 있다.

"천하에 범사가…… 때가 있나니, 날 때가 있고 죽을 때가 있으며, 심을 때가 있고 추수할 때가 있으며, 죽일 때가 있고 치료할 때가 있다."(3장 1~3절)

앞에서 태어날 때의 예를 많이 들었으니, 이번에는 죽을 때에 대해 살펴보자. 인간은 하루 중 밤이 끝날 무렵 가장 많이 죽으며, 일 년 중에는 겨울에 가장 많이 죽는다. 우리의 생체 시계는 어떤 시간에 또는 어떤 달에 우리의 기관이 더 약해지게 해 놓았다.

2500년 전 그리스 인들은 밤의 여신 닉스를 숭배했다. 닉스는 쌍둥이 형제를 낳아서 둘에게 동시에 젖을 먹였는데, 하나는 잠의 신 히프노스이고 또 하나는 죽음의 신 타나토스였다. 자다가 밤이 끝날 무렵 죽을 확률이 높다는 것은 옛날부터 알고 있었던 사실인가 보다.

수천 년 동안 수탉의 생체 시계가 사람들에게 시간을 알리는 역할을 했다. 기도 시간은? 수탉 울음소리로 알 수 있었다. 아침 기도는 모든 일신교 신자들에게 신성한 것이었으며, 수천 년 동안 기도 시간을 알려 준 것은 수탉이었다. 그래서 유대교 신도들은 조물주가 새벽을 알리는 수탉을 창조한 데 대해 감사한다. 일을 시작하는 시간은? 그것 역시 수탉 울음소리로 가능했다. 값싼 손목시계가 나오기 전까지는 수탉의 생체 시계가 인류의 시계 역할을 한 것이다. 고대 로마의 평민들은 하루를 서너 부분으로 나누어 생각했는데 그중 하나의 이름이 갈리키니움, 즉 수탉의 첫 울음소리였다. 일을 시작해야 하는 아침이 되었다는 것도 수탉 울음소리로 알았다. 그리고 암탉이 자는 시각에 잠을 잤다.

낮에는 해시계로 시간을 가늠하고, 서 있는 사람의 그림자나 직각으로 세워 둔 막대기의 그림자가 가장 작을 때가 되면 정오인 줄 알았다. 그런데 밤에는 어떻게 시간을 가늠했을까?

3000년 전 고대 이집트의 사제들은 물시계를 만들어서 사용했다. 바닥에 작은 구멍을 뚫은 대리석 항아리에 물을 가득 채운 다음, 항아리 안쪽에 새긴 눈금 어디쯤까지 물이 내려갔는지를 보고 시간을 알았다. 물이 빠져 나가는 구멍에 관을 끼워 두기도 했는데, 그 관은 개코원숭이의 음경 모양이었다. 개코원숭이의 생체 시계 역시 시간을 알려 주기 때문이었다. 기원전 1350년경 투탕카멘 묘에는 원숭이 형상을 한 토트 신*이 스물네 가지 모습으로 그려져 있는데 그중 하나는 발기한 상태의 옆모습으로 그려져 있다. 원숭이도 인간처럼 약 90분 주기로 꿈의 리듬을 갖고 있고 꿈을 꿀 때마다 발기가 된다는 것이 최근에 밝혀졌다. 이 생체 리듬은 상당히 안정적이기 때문에 이집트 사제들은 그것을 시간 설정 기준으로 삼았던 것이다.

18세기에 시계는 귀하고 비싸고 깨지기 쉽고 거추장스러운 것이었다. 그 당시에는 어떻게 시간을 알았을까? 1745년 린네*는 꽃들의 리듬을 이용한 꽃시계를 고안했다. 꽃의 종류에 따

토트 신 고대 이집트의 지혜와 정의의 신. 달의 신이고 시간을 재는 신이기도 하다.
칼 폰 린네(1707~1778) 스웨덴의 식물학자. 라틴 이름은 카롤루스 리나이우스다. 생물 분류 체계를 확립했고 속명과 종명을 나란히 쓰는 명명법을 고안했다.

라 하루 중 언제 꽃이 피고 지는지가 다르다. 백수련과 붉은 별꽃이 피는 시간은 앞서 이야기한 바 있다. 그 외에 달맞이꽃이 오후 5시에서 6시 사이에 꽃이 지고, 세인트존스워트(서양 고추 나물)는 오전 7시에서 8시 사이에 꽃이 핀다.

생체 리듬은 선천적일까, 후천적일까?

옛날에는 생체 리듬은 개개인이 획득하는 것으로 보았다. 생체 리듬은 오로지 낮과 밤의 순환에서 기인한다고 생각했다. 즉 그 근원이 유기체 외부에 있다고 여긴 것이다. 그러나 오늘날의 이론에 따르면, 생체 리듬은 타고난 내적 주기를 가지고 있다. 생체 리듬은 유기체에 내재하며, 유기체는 세대를 거치면서 유전되는 정밀한 시계 체계를 가지고 있다.

만약 생체 리듬이 외부 조건으로 인해 만들어졌다면, 늘 똑같은 환경 조건에 살게 되면 생체 리듬이 사라져 버릴 것이다. 예를 들어 어둠만 계속되거나 늘 같은 온도가 유지되거나 음식을 계속 먹지 않을 경우에는 생체 리듬이 생기지 않을 것이다. 그와 반대로 만약 생체 리듬이 타고나는 것이라면 그런 조건에서도 생체 리듬은 지속될 것이다.

1729년 '자연에 대해 호기심이 많았던' 드 메랑˙은 며칠 동안 미모사를 캄캄한 벽장에 넣어 두었다. 미모사는 새벽에 잎을 펼치고 땅거미가 질 무렵 잎을 오므린다. 드 메랑은 미모사 잎의 운동 리듬이 어두운 곳에서도 지속되었다고 기록했다. 한 세기가 지난 후에, 제네바의 박물학자 드 캉돌˙은 다음과 같은 사실을 밝혀냈다. 자연적으로 밤과 낮이 바뀔 때 미모사 잎의 운동 주기는 24시간인데, 불을 계속 켜 두거나 빛을 차단했을 때에는 미모사 잎의 리듬이 24시간 주기와는 조금 차이가 있었다. 많은 실험을 한 결과, 식물과 동물을 밤낮 변화를 알지 못하는 상태에 있게 하면 일주기 리듬이 20시간에서 28시간 사이의 주기를 보여 준다는 것이 밝혀졌다.

1843년 제네바의 또 다른 박물학자 쇼사˙는 물이나 양분을 공급받지 않아도 비둘기의 체온 리듬이 지속된다는 것을 보여

●●●

장자크 도르튀스 드 메랑(1678~1771) 프랑스 수학자, 물리학자, 천문학자. 기상 현상, 달의 궤도 운동, 달의 공전 등에 관해 연구했다. 식물에 생체 시계가 있음을 최초로 발견했다.
오귀스탱피라무스 드 캉돌(1778~1841) 스위스의 식물학자. 식물 분류법 등에 대한 그의 연구가 그 후의 식물학에 많은 영향을 주었다. 저서로 『식물학의 기초 이론』 등이 있다.
샤를 쇼사(1796~1885) 스위스의 생리학자, 의사, 정치가. 음식을 섭취하지 않을 때 일어나는 생리학적 현상을 연구했다.

주었다. 그 외 학자들이 밝혀낸 사실들 중 하나는 인간과 같은 동물들은 단식을 해도 많은 일주기 리듬이 지속된다는 것이다. 초파리의 우화* 리듬은 그중에서도 특히 변하지 않는다. 초파리를 늘 빛이 있는 곳에서 키웠는데도, 그 리듬이 700세대가 넘도록 사라지지 않은 것이다. 인간으로 치면 무려 17,500년 동안 그 특성이 이어졌다고 할 수 있다.

이런 중요한 사실들에서 알 수 있듯이 일주기 리듬은 내인성(內因性)이다. 이런 개념을 최초로 주장한 사람들 중 한 명이 프랑스의 약사 비레*였다. 1814년 그는 "자연에 의해서 작동되고 지구의 운동에 의해 주기가 결정되는 일종의 몸속 시계"가 있어서 이 생득적인 주기성이 생긴다고 생각했다. 그러나 일주기 리듬이 유전된다는 것, 그리고 생체 시계가 일주기 리듬을 조절한다는 것은 20세기가 되어서야 비로소 과학적으로 증명되었다.

● ● ●

우화(羽化) 번데기에서 성체로 탈바꿈하는 변태 현상. 초파리의 우화는 하루 중 특정 시간에 일어난다.
줄리엥 조제프 비레(1775~1846) 파리에 있는 발드그라스 육군 병원의 약사였으며 박물학자, 인류학자, 작가이기도 했다. 시간 생물학의 창시자라 부를 수 있을 만큼 생체 리듬에 대한 자료를 많이 수집했고 그에 대한 연구 성과도 많이 남겼다.

튀빙겐 대학의 뷔닝°은 붉은강낭콩이 선천적으로 일주기 리듬을 가지고 있다고 주장했다. 밤낮이 자연스럽게 바뀌는 조건에서 이 콩의 움직임은 24시간 주기의 리듬을 갖는다. 그러나 빛을 차단하면 그 주기가 24시간에서 벗어난다. 또한 붉은강낭콩의 변종들은 각각 다른 주기의 하루 리듬을 보여 주었는데, 이는 그 종에서 돌연변이°가 일어났음을 의미한다. 뷔닝은 서로 다른 주기를 가진 붉은강낭콩을 교배 육종하여 잡종 자손을 얻었다. 그 결과 주기의 값은 유전되는 특성이 있음을 확인했다.

잡종 연구라 할 수 있는 집단 유전학°에서 얻은 결과를 한층 더 보완하고 발전시킨 것은 분자 유전학이다. 분자 유전학을 통해 과학자들은 식물과 동물 여러 종에서 생체 리듬을 조절하는 유전자 몇 가지를 확인할 수 있었다. 일주기 리듬과 그것의 특성, 특히 주기를 조절하는 생체 시계의 내인성은 그렇게 해서 확실하게 증명되었다.

●●●
에르윈 뷔닝(1906~1990) 독일 식물 생리학자로서 생체 시계 연구의 선구자이다. 식물 잎의 운동 리듬과 초파리의 우화 리듬을 연구하여 내적인 일주기 리듬에 대한 가설을 내놓았다.
돌연변이 생물체에서 부모의 계통에 없었던 새로운 형질이 갑자기 나타나고 이것이 유전하는 현상.
집단 유전학 생물 집단 상호간에 나타나는 유전적 변화를 연구하는 학문.

한마디 덧붙이고 싶은 것은 일주기 리듬은 타고나지만, 동시에 외부 환경의 주기에 적응할 수 있다는 점을 잊지 말아야 한다는 것이다.

생체 시계는 몸속 어디에 있을까?

교차위핵(SCN)은 포유동물들의 뇌 시상하부에 있는 시신경 교차 위에 있다. 설치류나 원숭이 등에서 교차위핵을 제거하면 일주기 리듬 중 많은 것이 없어진다. 예를 들어 각성 수면 주기, 내분비선의 여러 기능 등이 작동하지 않는다. 교차위핵의 전기적인 활동을 기록한 것, 그리고 현미경과 방사능을 이용한 기술은 교차위핵이 일주기 시계 역할을 한다는 것을 보여 주었다. 쥐와 햄스터의 경우, 태어나기 8일 전부터 교차위핵이 그런 기능을 한다. 성체 햄스터의 교차위핵을 제거한 뒤 햄스터 태아에게서 떼어 낸 교차위핵을 이식하면, 잃어버렸던 하루 리듬을 되찾는다.

망막에는 빛을 느끼고 받아들이는 부분이 있어서 낮의 시작과 끝의 신호를 감지하고 그 정보를 신경을 통해서 교차위핵에 전달한다. 그러므로 밤낮의 순환은 교차위핵에 영향을 주어서 시간을 다시 맞추게 하고 주기를 재조정한다. 교차위핵에서 다른 신경들을 통해 여러 교감 신경과 송과선에 정보를 주면, 송과선이 멜라토닌을 밤사이에, 즉 땅거미가 질 때부터 동트기 전까지 분비한다. 밤에 계속 불빛이 비치면 멜라토닌이 만들어지지 않기도 한다. 그와 같이 밤에 낮 같은 효과를 얻으려면, 햄스터는 플래시를 약하게 비추어도 되지만 사람은 비교적 강렬하게 비추어야 한다. 어쨌거나 밤낮의 순환을 감지하고 신경과 호르몬의 릴레이가 이루어지게 하는 시계는 바로 교차위핵임을 알 수 있다.

생체 시계는 하나일까, 여러 개일까?

이론적으로는 하나의 생체 시계가 모든 생체 리듬을 통제할 수 있다. 그러나 그것을 증명하기 위해 만들어진 수학적 모형들은 아주 엄밀한 메커니즘을 가정하고 있는데, 이는 생물체의 유연한 리듬과는 맞지 않는다.

한편, 모든 세포가 시계를 갖고 있다는 가설도 있다. 그 가설에 따르면 시계들 사이에는 위계가 있어서 교차위핵이 교향악단 지휘자처럼 여러 시스템을 지휘해서 조화롭게 작동하게 한다. 그러나 실제로는 여러 가지 리듬들이 교차위핵의 통제에서 벗어나 있으므로 '지휘자 시계' 가설은 만족스럽지 않다. 게다가 쥐의 경우에는 시상하부에 있는 생체 시계가 교차위핵만이 아니라는 것, 그리고 교차위핵이 조절하는 리듬이 종에 따라 다르다는 사실이 실험을 통해 밝혀졌다.

인간 역시 시상하부의 시계뿐만 아니라 다른 시계들도 여러 개 있다. 야근, 백야, 스트레스 등 여러 가지 이유로 일주기 리듬들이 서로 맞지 않게 되는 탈동기화 현상이 나타나는 경우가 있다. 즉 한 사람 안에 주기가 서로 다른 리듬들이 공존하게 되는 것인데, 이를 보면 인간 안에 생체 시계가 여럿 있음을 알 수 있다. 인간의 생체 시계 중에서 24시간 주기가 가장 잘 지켜지는 것은 각성 수면 리듬이다. 그 밖의 여러 가지 다른 리듬들은 주기가 그보다 더 길거나 짧고, 불규칙하게 나타난다. 그뿐만 아니라 복잡한 일을 할 때에나 야간 교대 근무를 하는 상황 등에서는 인간의 뇌에서 가장 발달된 부분인 좌우 대뇌반구의 피질이 각각 통제하는 리듬들이 서로 맞지 않게 된다. 즉 오른손을 쓸 때와 왼손을 쓸 때의 리듬이 달라지는 것이다. 예를 들면 비행 시뮬레이션 훈련 같은 것에서 왼손과 오른손의 반응 시간, 근력 따위의 리듬이 다르게 나타난다. 이런 결과는 인간의 오른쪽, 왼쪽 피질에 각각 시계가 있고 그 시계들의 주기가 서로 다를 수 있음을 보여 준다.

일 년 주기 생체 시계도 있을까?

뷔닝은 대부분의 생명체가 일 년 리듬을 만들기 위해서 일주기 생체 시계를 이용한다는 점도 알아냈다. 어떤 식물들은 날마다 스스로 광주기를 측정할 수 있고, 따라서 식물의 번식에서 가장 중요한 꽃눈을 언제 만드는 것이 가장 좋은지 감지할 수 있다.

식물은 라일락, 개나리처럼 봄에 꽃을 피우는 장일(長日) 식물과 국화나 담배처럼 가을에 꽃을 피우는 단일(短日) 식물로 나뉜다. 식물은 일주기 시계를 이용하여, 밤의 시작과 끝을 나타내는 신호가 각각 적당한 시각에 오는지를 파악한다. 너무 이르거나 너무 늦은 시각에 꽃눈을 만들면 꽃을 많이 못 피우거나 전혀 못 피울 수도 있기 때문이다. 밤 길이가 최적일 때가 꽃이 백 퍼센트 피는 순간이다. 앞서 언급했지만, 많은 동물들의 번식도 광주기와 관련 있다. 일주기 시계 덕분에 동물들은 일 년 중 특정한 순간에 번식의 각 단계에 들어갈 수 있다.

그렇지만 일주기 시계가 광주기 감지에 관여한다 해도 그것

식물은 어떻게 계절을 인식하여 제철에 꽃을 피울까?
어떤 식물은 날마다 밤낮 길이를 감지해서 가장 적당한 때에 꽃눈을 만든다.

으로 모든 것이 설명되지는 않는다. 그렇다면 타고난 일 년 주기 시스템, 즉 연주기 생체 시계도 있을까? 이 물음에 답하기 위해서는 실험 대상을 여러 해 동안 항상 변하지 않는 조건 속에서 살게 해서, 그 연주기가 365일인지 아닌지를 살펴보아야한다. 실험 결과 동물 번식 과정에서 일 년 주기 생체 시계가 작동한다는 것이 증명된 몇몇 동물들이 있다. 메기를 늘 캄캄한 곳이나 늘 밝은 곳에 몇 년간 살게 하자 난소 크기가 365일이 넘는 주기의 리듬으로 변했다. 또 빛을 차단한 곳에서 오리들을 기르자 오리의 정소 크기의 연주기 값이 365일과 차이를 보였다.

연주기 시계는 일본메추라기에게서도 확인되었다. 이 새의 뇌에는 광주기 신호들을 직접 받아들이는 광수용기가 있다. 이는 내측 기저 시상하부(MBH)의 핵과 관련되어 있다. 그런데 이를 제거하면 일본메추라기의 연주기 번식 리듬이 파괴된다. 또 의도적으로 낮을 길게 만들면 내측 기저 시상하부 유전자가 갑상선 호르몬의 신진대사도 변하게 한다. 그런데 갑상선 호르몬은 일 년 주기에서 가장 중요한 역할을 한다.

생체 시계를 통제하는 것이 유전자일까?

분자 유전학*은 일주기 리듬이 유전된다는 이론을 뒷받침하는 결정적이고 직접적인 증거를 내놓았다. 해초, 버섯, 초파리, 생쥐의 돌연변이체에서 생체 시계 주기를 통제하는 유전자들이 무엇인지 밝혀낸 것이다.

예를 들어보자. 실험 대상을 빛이 없는 곳에 살게 하면 자연 시계가 생체 주기를 24시간에 맞추어 줄 수가 없다. 그리하여 우화나 활동 휴식 리듬에서 돌연변이를 보인 초파리들은 각각 19시간, 28시간, 0시간(리듬이 없음)의 주기를 보여 주었다. 돌연변이를 나타낸 초파리들을 관찰한 결과 '피리어드' 라는 유전자*가 그 과정에 관여한다는 사실이 밝혀졌다. 그것은 성 염색체* X에 있다.

피리어드 유전자와 생체 리듬과 관련해서 뒤이어 밝혀진 유

● ● ●

분자 유전학 유전학을 분자 수준에서 연구하는 학문. DNA의 구성과 기능을 주로 연구한다.
피리어드 유전자 1971년 미국의 벤저와 코노프카가 초파리의 생체 리듬을 조절하는 유전자를 발견하여 '피리어드' 라고 명명했다. 그들은 초파리 2000마리에게 약물을 먹여 돌연변이를 유발하여, 다른 일주기 리듬을 보이는 초파리 세 마리를 발견했다.

전자인 '타임리스' 유전자*는 지금 수많은 과학자들의 연구 대상이 되고 있다. 이 유전자들의 전령 RNA*에 대한 연구, 일주기가 없는 돌연변이체들의 일주기 리듬을 이 유전자들이 회복시킬 수 있는가에 대한 연구 등이 거기에 포함된다. 다른 종의 생체 시계 유전자에 대한 연구도 이루어져서 생쥐의 시계 유전자 등도 발견되었다.

생체 리듬에 대한 분자 유전학 연구가 일주기 시계의 작동 원리를 보여 줄 것이라고 사람들은 믿었다. 그러나 아직은 머나먼 얘기일 뿐이다. 한편, 유전자로 생체 시계를 설명할 수 있다는 생각에 대해 반박하는 학자들도 있다. 유전자는 생체 리듬의 생득적인 특성을 구성하는 여러 요인 중 하나에 지나지 않는다는 것이다. 예를 들어 어떤 리듬이 나타나려면 여러 유

● ● ●

성 염색체 암수를 결정하는 데 관여하는 특별한 염색체. 염색체는 유전 정보를 가지고 있는 것으로 각 세포의 핵 속에 있다.

타임리스 유전자 1994년 일주기 생체 시계를 조절하는 또 다른 유전자가 발견되었다. 7000마리의 초파리 행동을 조사하여 밝혀진 이 유전자에는 '타임리스' 라는 이름이 붙여졌는데, 이 유전자에서 돌연변이가 일어난 초파리는 지속적으로 잠을 자지 못했다.

전령 RNA DNA로부터 정보를 받아 단백질 합성을 지시하는 역할을 하는 리보 핵산을 말한다.

전자의 개입이 필요할 수도 있고, 반대로 하나의 유전자가 여러 리듬의 조절에 개입할 수도 있다.

그렇다 하더라도 유전자를 이용하면 일주기 리듬을 더 잘 이해할 수 있다. 그러기 위해서 한 종의 유전자를 다른 종에게 이식하는 실험을 해서 유전자 이식 동물®을 만들기도 한다. 포유동물은 레닌이라는 효소를 생산하는데, 이 효소는 혈압과 혈압 조절의 일주기에 중요한 역할을 한다. 생쥐의 레닌 유전자를 쥐의 게놈에 이식하여 만든 유전자 이식 쥐는 심장 혈관과 내분비선 리듬이 매우 많은 변화를 보인다. 이론적으로 볼 때 유전자 하나를 조작하면 레닌의 일주기 리듬만 변해야 하는데 실제로는 유전자 하나만 조작해도 생물체가 갖고 있는 여러 리듬들 전체를 바꿀 수 있다. 이는 유전자와 생체 시계의 관계가 아주 복합적이라는 것을 잘 보여 준다.

● ● ●

유전자 이식 동물 유전 공학 기술을 이용해서 유전적으로는 아무 관련이 없는 종의 유전자를 이식하여 새로운 형질을 갖도록 만든 동물.

4

병들고 낫는 것도
생체 리듬과 상관있을까?

저항력이 약해지는 시간이 따로 있을까?

몸을 공격하는 것이 다 그렇듯이, 독성 물질도 일주기 리듬에 따라 다른 결과를 나타낸다. 생쥐들에게 독성 박테리아를 일정량 주사하면, 생쥐의 생존과 사망을 결정하는 요인 중 하나는 박테리아를 언제 주사하느냐에 달려 있다. 어떤 시각에 주사했을 때에는 실험 대상 생쥐 80퍼센트가 죽었는데, 그보다 열두 시간 일찍 또는 열두 시간 늦게 주사했을 때에는 80퍼센트가 생존했다. 다른 많은 동물들 역시 그와 같이 저항력이 약해지는 시간이 있다. 동물성·식물성 독물, 의약품 같은 화학적 요인뿐 아니라 소음, 더위, 추위, 전리 방사선* 등 물리적 요인에 대해서도 저항력이 약해지는 시간이 따로 있었다. 사람의 경우도 마찬가지였다. 이러한 사실을 의학적으로 두 가지 의

미가 있다.

첫째, 하루 중 어느 시간 또는 일 년 중 어느 달에 질병의 경과가 어떻게 될지 예측할 수 있다. 예를 들면 심근 경색은 오전 10시쯤, 겨울이 끝날 무렵에 가장 많이 발생하고, 천식 발작의 70퍼센트는 밤에 일어난다.

둘째, 약물이나 다른 물질의 효과가 투여 시간에 따라 달라진다. 그래서 같은 양의 알코올을 마셔도 아침에 마시는 것보다 저녁에 마시는 것이 더 빨리 취하고 또 일의 능률이 훨씬 더 많이 떨어진다.

시간 요법이란 무엇일까?

약리학은 약물의 효과를 연구하는 학문이다. 약리학자들은 한편으로는 약물이 혈액이나 체액에 얼마나 어떻게 흡수되는

● ● ●

전리 방사선 물질을 통과할 때 직접 또는 간접으로 이온을 만들 수 있는 능력(전리 능력)을 가진 방사선의 총칭이다. 이 같은 전리 현상은 생체에 여러 가지 영향을 줄 수 있다. 흔히 '방사선'이라고 표현하는 것은 엄밀히 말하면 전리 방사선을 뜻한다.

지를 밝히는 생체 이용도[●]를 연구하고, 다른 한편으로 약물이 어떤 세포, 어떤 기관 또는 기관계에 미치는 작용을 연구한다. 시간 약리학은 하루 리듬에 따라 약의 효과가 달라지고 약물 유형에 따라 리듬의 고점과 저점이 다르다는 것을 보여 준다. 화학 약물 복용의 효과는 투여 시간에 달려 있다. 동물 실험이나 임상 연구를 통해 내성[●]이 가장 강할 때와 효과가 최적일 때가 언제인지 정확하게 밝혀진 약품이 백 가지가 넘는다.

치료학의 목표 중 하나는 최적의 약효를 얻는 것으로, 다시 말하면 원하는 효과는 높이고 부작용은 줄이는 것이다. 보통 약의 분자, 약의 형태, 약의 복용 방법을 바꾸어 가면서 최적의 약효를 찾는다. 생체 리듬을 활용한 시간 요법은 치료에 가장 좋은 시간을 찾아내는 시간 약리학의 성과를 활용한다. 아침에 아스피린을 복용하는 것은 위에 부담을 주지만, 저녁에는 같은 양의 아스피린을 복용해도 위에 부담이 되지 않는다. 잠자기 전에 아스피린을 복용하면 혈전 예방 효과가 커서 심장 혈관

●　●　●

생체 이용도　약이 순환계에 이르러 작용해야 할 곳에서 약효를 발휘할 수 있는 정도. 최적의 생체 이용도를 위해서 약물의 적절한 용량과 투여 속도를 정하는 것이 중요하다.

내성　병원균 따위가 어떤 약품에 대하여 나타내는 저항성.

사고의 위험을 줄여 준다. 항알레르기제, 국소 마취제, 항암제, 고혈압과 심장 혈관 질환 억제제, 호르몬제와 호르몬 유도제, 위 십이지장 궤양 치료제, 진통제를 이용할 때 특히 시간 요법의 효과가 크게 나타났다. 가장 좋은 시점에 약을 복용하게 하는 방법들도 고안되었다. 소화관에 이를 때쯤 코팅이 녹아 없어지게 만든 알약이나 정해진 때에 정맥으로 약물을 주입하는 펌프 등이 그 예이다.

시간 요법은 치료법에 매우 큰 진전을 가져다주었지만, 아직도 시간 요법에 대해 잘 모르는 의사들이 많으며, 일반인들은 더욱더 그렇다.

5

생체 시계도
고장이 날까?

시차 피로는 왜 생길까?

다양한 에너지원과 전기 때문에 이제 계절 구분이 없어지고 낮 시간은 길어지고 밤 시간은 짧아졌다. 또 빠른 시간에 매우 먼 거리를 갈 수도 있게 되었다. 그런 편리함을 포기할 수는 없겠지만, 우리는 생체 시계의 손상을 그 대가로 치러야 한다. 생체 시계와 외부 시계의 불일치 때문에 나타나는 영향은 사람마다 다르기 때문에 생체 시계 손상을 진단하기는 쉽지 않다. 유전자가 사람마다 다르다는 것도 진단을 어렵게 하는 요인이다.

시차가 생기면, 즉 자연 시계의 시간이 바뀌면, 앞당겨지든 늦춰지든 차이가 난 만큼 일주기 리듬도 그에 맞게 조정된다. 즉 생체 시계가 새로운 시간에 맞추어지고, 생체 리듬 조정도 이루어진다. 1~3시간의 시차는 건강에 영향을 미치지 않는다.

이 정도 시차로 인해 생활에 불편을 느끼는 사람은 거의 없다. 그래서 서머 타임*은 의학적으로나 생물학적으로 별 문제가 없다고 할 수 있다.

6시간 이상 시차가 생기면 복잡한 시차 적응 과정이 작동한다. 한 사람 내에서도 어떤 리듬은 빨리 조정되는 반면에 어떤 리듬은 느리게 조정된다. 각성 수면 리듬이 바뀌는 것은 사흘이면 되지만, 체온 리듬은 이레 정도 걸리고, 부신 피질의 분비 리듬은 보름이나 걸린다. 또 한 가지 리듬도 사람에 따라 재조정 시간이 다르다. 실험 대상 인원 중 80퍼센트는 뉴욕에서 파리로 갔을 때보다 파리에서 뉴욕으로 갔을 때에 시차 적응이 더 빨랐다.

어느 방향으로 가든, 6시간 이상 시차가 나는 경우에는 모든 사람들이 1~3주 정도 일시적인 탈동기화 현상을 겪는다. 열 명 중 세 명 정도는 시차 피로*를 심하게 겪지 않지만, 어떤 사

●　●　●

서머 타임 여름철에 긴 낮 시간을 더 많이 활용하기 위해서 그 지역의 표준시보다 1시간 시계를 앞당겨 놓는 것을 말한다. 유럽 여러 나라의 서머 타임은 매년 3월 마지막 주 일요일에 시작되어 10월 마지막 주 일요일에 끝난다.
시차 피로 시차로 인해 일시적으로 신체 리듬에 이상이 생기는 상태. 시차병, 시차증이라고도 한다.

람들은 잠을 잘 자지 못하고 피곤을 느낀다. 첫날에는 약 70퍼센트가 이런 증상을 경험한다.

야간 근무를 정기적으로 해야 하는 직업은 전체 일자리의 10퍼센트에 이른다. 야간 교대 근무를 하면 신체 리듬과 자연 시계 사이에 여덟 시간 정도 시차가 생긴다. 교대 근무자를 대상으로 한 실험에서 모든 사람이 탈동기화 현상을 겪었는데, 그중 일부만이 곧바로 적응했다. 교대 근무에는 내성이 생기지 않는데, 이로 인해 졸음, 만성 피로, 짜증, 수면제의 지속적 복용 등이 나타난다.

이 같은 병적인 상태를 **디스크로니즘**(dyschronism, 시기 맞춤 장애라고도 한다.)이라 하는데, 이런 증상은 교대 근무자들에게만 일어나는 것이 아니라 밤잠이 부족한 사람들에게도 일어난다. 처음부터 수면 장애가 있어서가 아니라 숙면을 방해하는 것들 때문에 잠이 부족하게 되는 경우에도 같은 증세가 나타난다. 가령, 소음, 류머티즘 같은 병으로 인한 통증, 잦은 소변, 불안, 갖가지 근심, 과로 따위로 잠을 설치는 경우에 그렇다. 그러나 밤잠이 부족한 사람들의 리듬 주기도 개인마다 다르다.

건강한 사람들 중 약 20퍼센트는 의학적으로는 문제가 없지만 자연의 순환과 맞지 않는 생체 리듬을 가지고 있다. 이런 것을 **앨로크로니즘**(allochronism)이라 부른다. 의학적으로 문제가 있는 상태인 디스크로니즘과 달리, 이것은 다양한 생활 패턴 중 하나라고 볼 수 있다. 한편, 한 사람 안에도 주기가 다른 여러 가지 리듬이 공존한다. 시차 피로로 고생하는 사람들과 달리, 이들은 밤낮이 바뀐 생활을 하면서도 자신의 생체 리듬이 흐트러졌다고는 느끼지 않는다.

큰 사고는 왜 밤에 많이 일어날까?

도로에서 제한 속도를 지키게 하는 것은 효과적이고 합리적인 조치이나 그것이 교통사고를 줄이는 충분하고도 완벽한 방법은 아니다. 오십 년 전부터 교통사고는 주로 밤에 일어났다. 국회의원들이나 언론, 운전자들이 이를 명백한 사실로 여기지 않는 것은 매우 유감스러운 일이다. 교통량을 감안하면, 교통사고가 가장 많이 일어나는 시간은 오전 4시경이다. 사고가 가장 빈번할 때와 가장 적을 때의 차이는 250퍼센트에 이른다.

사고 빈도와 관계 없이 오늘날에는 깜깜할 때에도 모든 형태의 활동이 이루어진다. 그래서 스리 마일 섬 사고,* 인도 보팔 사고,* 체르노빌 원자력 발전소 사고,* 발데스 호 사고* 등에서 보듯, 큰 사고는 주로 밤에 일어난다. 신체 리듬이 재조정

밤에는 사고 능력과 판단력의 리듬이 저점에 있으므로
큰 사고가 일어날 위험이 높다. 대형 사고들은 대부분 한밤중에 일어난다.

된 뒤에 숙련된 일을 하는 경우가 아니라면, 밤에 일하지 말아야 한다. 위험한 상황에서는 더욱 그렇다.

한밤중에는 정신 능력과 정신 운동성, 즉 거리와 시간을 판단하는 능력이 야간 저점에 있을 확률이 매우 높다. 또 밤에는 피로와 졸음 리듬이 야간 고점에 이른다. 이 리듬들은 열두 시간과 여덟 시간 주기를 가지고 있다. 따라서 낮 시간에 두 번째로 높은 점에 이르게 되는데, 그 주간 고점에서도 사고가 많이 생긴다. 교통사고가 두 번째로 많이 일어나는 시간이 오후 4시 무렵이다. 이 사실은 어린이 사고가 오후 4시경에 가장 많이 발생하는 이유를 부분적으로 설명해 준다. 어린이들은 밤에 잠을 자므로, 주간 고점만 나타나는 것이다.

● ● ●

스리 마일 섬 사고 1979년 3월 28일 미국 펜실베니아 주 스리 마일 섬에서 일어난 방사능 누출 사고.

인도 보팔 사고 1984년 미국 농약 회사 유니언 카바이드 사의 보팔 공장에서 일어난 독가스 유출 사고.

체르노빌 원자력 발전소 사고 1986년 우크라이나의 체르노빌 원자력 발전소에서 방사능이 누출되어 일어난 참사.

발데스 호 사고 1989년 미국 유조선 엑슨 발데스 호가 암초에 걸려 파손되는 바람에 기름 41,300톤이 바다로 흘러 들어갔다. 최악의 해양 오염 사고로 알려져 있다.

6

생체 시계를
다시 맞출 수 있을까?

생체 시계를 다시 맞추려면 어떻게 해야 할까?

어떤 약물로도 흐트러진 생체 시계를 다시 맞출 수 없다. 수면제, 항우울제, 알코올, 커피도 효과가 없다. 멜라토닌에 희망을 걸었지만 몇몇 피실험자들을 제외하고는 거의 도움이 되지 않았다.

식사 시간을 바꾸는 것도 별 도움이 되지 않는다. 아침을 가볍게 먹느냐, 저녁을 가볍게 먹느냐, 어떤 영양소를 많이 섭취하느냐, 적게 섭취하느냐 하는 것도 일주기 리듬 변화에 영향을 주지 않는다.

시차 때문에 고생하는 사람들과 자신의 일주기 생체 시계를 다시 맞추어야겠다고 생각하는 사람들에게 권할 수 있는 유일한 방법은 낮에 적당한 운동을 하라는 것이다. 매일 30분에서

1시간 30분 정도 꾸준히 하면 효과가 있다. 산책, 수영, 자전거 타기 등이 좋다. 그러나 왜 운동을 하면 생체 리듬이 돌아오는지는 아직 밝혀지지 않았다.

어떤 환경에서, 또는 어떤 사람들의 경우에는 강한 빛을 쬐면 신체 리듬을 재조정하는 효과를 보기도 한다. 예를 들면 햇빛과 비슷하게 3,000~10,000룩스의 빛을 내는 램프는 시차 피로를 줄이고, 시차 적응 기간을 단축하며, 밤낮이 바뀐 신체 리듬을 되돌리고, 겨울에만 나타나는 계절성 우울 증상을 치료하는 데 쓰인다. 몇 시에, 얼마나 오래 강한 빛을 쬐야 하는가를 알기 위해서는 수면 전문가와 시설이 잘 갖추어진 전문 병원을 찾아가야 한다.

실질적인 도움이 되는 것을 요약해 보면 다음과 같다. 건강에 문제가 없더라도 가끔씩 이런저런 이유로 해서 생체 시계가 흐트러질 수 있다. 이를 예방하는 가장 좋은 방법은 낮에 특히 날씨가 좋을 때, 활발한 신체 활동을 하는 것이다. 해가 떠 있는 낮에 산책이나 수영, 달리기, 자전거 타기 같은 운동을 하자. 그러면 건강을 유지하는 데 큰 도움이 될 것이다.

더 읽어 볼 책들

- 과학세대 엮음, 『생물은 모두 시계를 갖고 있다』(벽호, 2000).

- 이은희, 『하리하라의 과학 블로그 2』(살림, 2005).

- 랠프 미슬버거 외, 남경태 옮김, 『시간의 발견』(휴머니스트, 2002).

- 린 램버그 외, 김수현 옮김, 『마법의 생체 시계』(북뱅크, 2005).

- 메리 그리빈 외, 정영문 옮김, 『시간이 시시각각』(주니어김영사, 2000).

논술·구술 시험은 논리적이고 종합적인 사고를 요구한다. 다음에 제시된 문제는 이 책의 주제와 연관이 있는 논술·구술 기출 문제이다. 이 책을 통하여 습득한 과학적 지식과 원리, 입체적이고 논리적인 접근 방식을 활용하여 스스로 문제에 답해 보자.

▶ 식물에도 감각 작용이 있다면 어떤 것인지 구체적인 예를 들어 말하시오.

▶ 철새는 머리도 나쁘고 눈도 나쁜데, 어떻게 알고 이동하는가?

옮긴이 | 곽은숙

성균관대 불어불문학과 박사 과정을 수료했다. 현재 전문 번역가로 활동하고 있다.

민음 바칼로레아 31

생체 시계란 무엇인가?

2판 1쇄 찍음 2021년 3월 18일
2판 1쇄 펴냄 2021년 3월 30일

1판 1쇄 펴냄 2006년 6월 26일
1판 3쇄 펴냄 2013년 9월 19일

지은이 | 알랭 랭베르
감수자 | 박경한
옮긴이 | 곽은숙
발행인 | 박근섭
펴낸곳 | ㈜민음인

출판등록 | 2009. 10. 8 (제2009-000273호)
주소 | 06027 서울 강남구 도산대로 1길 62 강남출판문화센터 5층
전화 | **영업부** 515-2000 **편집부** 3446-8774 **팩시밀리** 515-2007
홈페이지 | minumin.minumsa.com

도서 파본 등의 이유로 반송이 필요할 경우에는 구매처에서 교환하시고
출판사 교환이 필요할 경우에는 아래 주소로 반송 사유를 적어 도서와 함께 보내주세요.
06027 서울 강남구 도산대로 1길 62 강남출판문화센터 6층 민음인 마케팅부

한국어판 © (주)민음인, 2006. Printed in Seoul, Korea
ISBN 979 11-5888-793-3 04000
ISBN 979 11-5888-823-7 04000(set)

㈜민음인은 민음사 출판 그룹의 자회사입니다.